Ah ! La saumone !

Je suis un saumon

Texte et dessins Philippe Avron

Personnages

Saumon-Saumon

Simone-la-saumone

Pierrot, le titi salmonidé

Internet, le saumon relié

Dulcinée, la truite saumonée

Soufi-Soufi,
le saumon pakistanais

Le professeur
Lesturgeon

Je suis un saumon.

Je suis un saumon.

Je le suis depuis toujours mais maintenant ça se voit.
Alors je le dis.

C'est une chance, j'en suis conscient parce que
le saumon remonte à son enfance pour aimer.
L'amour est au bout du voyage. C'est extraordinaire.

Je suis parti de là-haut,
de la source du fleuve,
de l'Allier,
je suis de l'Allier,
je suis saumon de l'Allier,
les grands, les gros saumons sont de l'Allier.
Saumon de l'Allier, saumon altier.
À grand fleuve : grand saumon.
À petit fleuve : petit saumon.

Et c'est là que mon père et ma mère,
le saumon, la saumone,
ont fait la danse nuptiale,
la parade amoureuse,
le grand rituel.

Et qu'ils m'ont déposé – en tant qu'œuf – dans ma frayère aérée, oxygénée, ventilée, dans mon nid tapissé de feuilles, dans mon berceau initial.

Puis ils sont morts. Leur corps est allé nourrir
le menu fretin.
Tous les alevins naissent orphelins.
Il faut l'assumer. Je l'ai assumé.
J'ai fait mon travail de deuil.
Saumon de l'Allier, Saumon guerrier.

Et c'est de là que je suis parti pour le grand voyage,
avec mes saumons d'enfance.

Simone-la-saumone,
la Surya Bonaly de l'Allier.

On m'appelait la Surya Bonaly de l'Allier parce que
là-haut, dans ma frayère, je m'entraînais en solitaire...
Alvin-alvine-copain-copine...
Mais je sais qu'au retour,
pour la danse nuptiale, la parade amoureuse,
le grand rituel, l'épreuve se fera par couple...
On verra à ce moment là...

Pierrot,
le titi salmonidé,
le Roi de la brasse chaloupée.
Toujours quelque chose à offrir.
Toujours le cœur sur la main :

« Le cœur sur la nageoire.
Tu veux du plancton ? T'en veux ? J'en ai…
J'habite la banlieue des frayères.
Banlieue : les bannis du lieu.
Ceux qui sont mis au ban du lieu.

J'ai ma frayère juste en face de la guinguette :
"Ici, l'on pêche".
Quand j'étais alevin j'étais petit comme ça,
j'allais les narguer.
"Alevin-saumon craint pas l'hameçon" ».

Au milieu. Il y a ma frayère à moi. Saumon-Saumon.

À côté, il y a Internet, le saumon relié, le saumon branché. Il ne quitte jamais sa frayère.
« J'ai pas besoin de quitter ma frayère puisque je suis relié directement au WEB, www World Wide and Web par internet, grâce à mes cellules perforées latérales. Je surfe sur le réseau migrateur. Je pianote et j'ai tout : les horaires des marées, les dépressions, les cubages, les barrages. Je pianote et j'ai tout. Je vois pas pourquoi je quitterais ma frayère. »

Au-dessus, il y a Dulcinée, une truite saumonée, une métisse, un peu moins rose que nous mais très belle quand même.

« Pour une saumone, il y a deux choses à savoir :
nager et l'amour.
Nager je le savais en naissant et l'amour aussi.

J'avais de l'avance au départ. »

On est parti. Tous les cinq avec les autres.

L'Allier:
Naussac. Pouthès-Monistrol. Langeac. Vieille Brioude.
Brioude. Vichy. Moulins. Le Bec d'Allier.

Partir à reculons pour ne pas oublier.

Pour aller, ça descend, c'est facile. On y allait !
Les anciens nous disaient :
« Mémorisez ! mémorisez ! alevins-crétins !
Dans trois ans, quand vous remonterez,
vous en aurez besoin ! ».

La Loire :
Orléans, Beaugency, Blois, Amboise, Tours, Nantes, Saint-Nazaire.

L'océan.
De l'eau douce de l'enfance à l'eau salée de la vie.

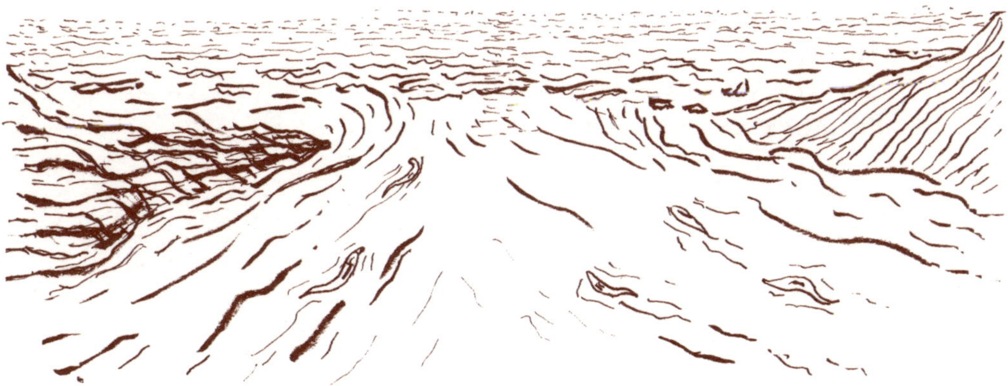

C'est là qu'on a perdu Dulcinée.
« On a perdu Dulcinée ! On a perdu Dulcinée !
— Attention, j'ai dit : "Saumon perdu, saumon foutu".

— Ah ! la voilà !

— J'arrivais pas à passer, j'arrivais pas à passer,
dit Dulcinée.
J'ai dit : — Restons groupés !
"Saumon isolé, Saumon crevé" ! »

Dans l'océan de la vie.
Il y a interêt à savoir nager !

West ! West !
"Go west, Young Salmon,
And grow up with the ocean".
Les miles, les miles, les miles...
Les surfs, les surfs à la crête des vagues...
On the waves, in the nigths, under the stars.

Fallait voir surfer Simone et Dulcinée !
On les appellait "Les Surfeuses".
Nous, avec Pierrot, on plongeait en apnée.
On nous appellait "Les Grands Bleus".
Internet, lui, c'était sans fantaisie.
"Eurostar", on l'appellait.
Les iceberg... Les Aurores boréales...
Le Groenland. Gold. Gold plancton.
Les autres saumons. Québécois. Finois. Irlandais.
« D'où 'K t'es, toi ?
— J'suis saumon québécoé. Et toé ?
— Nous, on est de l'Allier.
— Ah ! t'es saumon français ! Eh ! Un saumon français !

— Et toi d'où t'es ?
— Irish. Irish Salmon. And you ?
— Français.
— Ah ! Europ ! ! Have a good trip ?
— Yes, yes.

— Et toi, d'où tu sors ?
— Je suis saumon pakistanais. Saumon de l'Indus.
— Comment ça se fait que tu es là ?
— J'ai essayé plusieurs fleuves, d'Asie, d'Afrique,
j'ai été refoulé. Alors je suis venu là.
— Comment tu t'appelles ?
— Soufi-Soufi.
— Tu as intérêt à rester avec nous. Comme on dit
dans nos frayères : "Solitaire, ventre à l'air".
On dit ça aussi chez toi Soufi-Soufi ?
— Non. Chez nous, les saumons pakistanais, les saumons
de l'Indus, on dit : "Si tu es solitaire : tu dois faire ta prière". »

On tourne. Ça tourne. Tout le monde tourne.
Les orques, les baleines bleues, les morues,
les petits, les gros, à la poursuite du plancton.
La vie tourne après la vie. C'est la vie !
C'est le grand maëlstrom.
Nous aussi on tourne avec tous les autres,
nous, les saumons. On tourne !
Et puis un jour, l'appel.
Le signe. Le grand retour pour l'amour.

Pourquoi ?
On tourne avec les autres et puis...

Pourquoi nous ?
Pourquoi là-haut ?
Le saumon, la saumone... Si haut ?

On est une énigme, nous, les saumons !

Les généticiens, les ichtyologues, les éthnologues,
disent que nos cellules perforées latérales,
nos cellules buccales, nos cellules olfactives
sont si sensibles qu'on ressent les moindres vibrations
climatiques, magnétiques, l'influence de la lune,
des étoiles...

C'est vrai qu'on est d'une hypersensibilité !
La moindre chose qui se passe dans l'univers,
on le ressent !...
Ils disent que cette sensibilité
déclencherait chez nous le Homing !
Ils appellent ça le Homing. Home, sweet home.

Home, sweet home! Les vingt et un barrages.
Là haut: le combat des mâles. L'amour à mort!
Home, sweet home!
On est une énigme.

C'est Jorge Semprun, dans "Quel beau dimanche"
Qui dit que dans les camps d'extermination,
quand soufflait le vent du Sud, le vent d'Ukraine,
au printemps, parfois les jeunes déportés russes
lâchaient la pelle et couraient vers la forêt;
ils se levaient, ils ouvraient les bras et couraient
en criant vers l'Ukraine, dans le vent chaud.
Et ils étaient abattus.

"Il n'est rien qui puisse arrêter l'impétuosité de nos désirs.
On se sent un cœur à aimer toute la terre. Et comme
Alexandre, on souhaite qu'il y ait d'autres mondes
pour y pouvoir étendre nos conquêtes amoureuses."
On est une énigme.

Les militaires ne comprennent pas,
comment, avec si peu de matière grise
on arrive à retrouver nos frayères, là-haut à Naussac,
en partant du Groenland,

Alors qu'eux,
avec leurs boussoles et leurs cartes d'état-major,
ils se perdent dans la forêt de Fontainebleau!

Ils ne comprennent pas.

Je suis sur le retour.
On est sur le retour. Tous les six. Pierrot, Dulcinée,
Internet, Soufi-Soufi, Simone-la-saumone et moi.

On est dans le bouchon vaseux de Nantes.
Quarante km de bouchon, les hydrocarbures,
les boues toxiques,les Granulats, la pollution,
la pollution, la pollution.

Et puis ensuite les barrages, faudra les passer.
Et là-haut, l'amour... faudra le faire.

On n'y arrivera pas. On sent bien qu'on n'y arrivera pas.
On tourne en rond. C'est le stress. Le stress.

Soufi-Soufi essaie une méthode d'énergie,
de rassemblement du moi : yoga-taïshishuan-
salmonidé-pakistanais.
Dulcinée essaie de l'imiter.

Simone-la-saumone dit qu'elle veut retourner à la mer.
Mais la mer c'est la mort.

Pierrot me dit : « Qu'est ce que tu fais, toi ? »
Moi, je dis : « On n'y arrivera pas tout seul.
Il nous faut quelqu'un. Il nous faut un psy.
Ça existe. Il y en a : des psychiatres ichtyologues. »

Il y en a un !

Le professeur lesturgeon
C'est un ponte.

Il soigne des gros poissons du monde entier.
Il est lacanien : huit minutes sur le divan.
Ces huit minutes, vous ne les voyez pas passer.
Vous les sentez passer !

Alors je dis :
« Je vais chez Lesturgeon. »
Ils m'ont dit :
« Vas-y d'abord. On verra après ».

J'entre dans sa salle d'attente.

Il y avait des paniers de crabes.
Je leur ai dit : « Qu'est-ce que vous avez ? »
Ils ont dit :
« On est mou. On est mou des pinces. On est mou de la carapace. On est mou de tout. Avant, on était des durs. On pinçait, fallait voir. On se pinçait même entre nous : on était dans la politique. »
Je leur ai dit :
« C'est rien. Vous êtes en mue, ça va revenir.
Quand on a les pinces, c'est pour la vie. »

Des anguilles veulent se faufiler à ma place :
« S'cuzez, s'cuzez… on était là avant ! »
J'ai dit : « Non, non, c'est ma place.
C'est moi qui étais là avant. »

Je glisse sur des poissons plats.

« Excusez-moi. Vous vous confondez avec la moquette !
Je ne vous ai pas vus.
— Tu vois, on nous confond avec la moquette.
On ne nous voit plus. On est guéri.
— Ici, on ne nous voit plus, mais au bureau on nous voit encore. On n'est pas guéri vraiment.

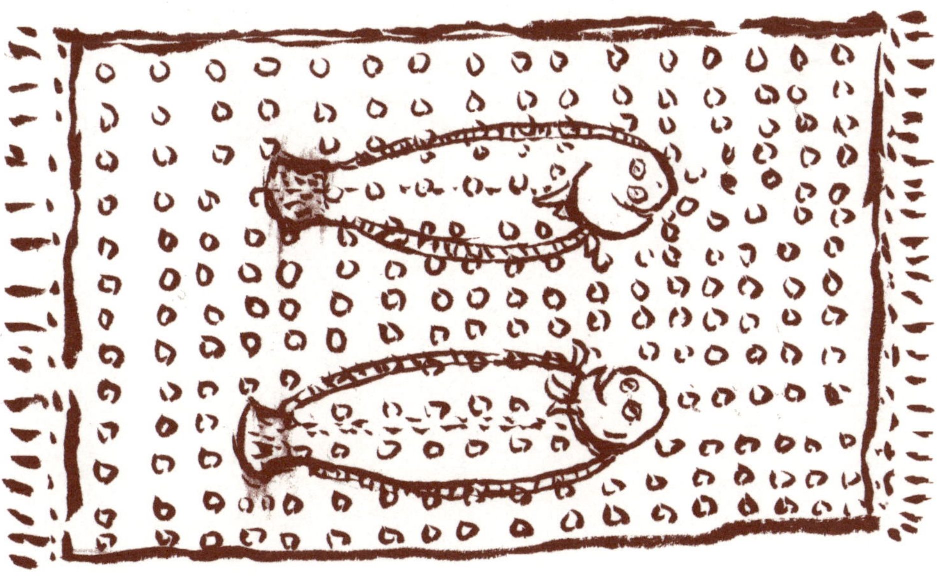

— Oh ! un requin !
Un requin !… les dents de la mer ! »

Arrive une pieuvre.
« Ne vous inquiétez pas, ne vous inquiétez pas. Il est guéri.
C'était un gros requin de la Finance mais le professeur
Lesturgeon l'a guéri.
Il vient pour un contrôle.
Il est devenu "Requin-pèlerin sans frontière".
Moi aussi je suis guérie.
Avant j'étais cleptomane, fallait voir.
Maintenant je m'occupe du porte-feuille du professeur.

Et vous, qui vous êtes ? demande la pieuvre.
— Je suis un saumon.
— Saumon d'élevage !
— Non saumon sauvage.
— Saumon sauvage !! Saumon sauvage ??
Les saumons remontent ?
Mon dieu !! Le professeur va être dans un état !
Pour lui, de tous les poissons,
le saumon c'est le summum !
Il a fait sa thèse d'ichtyologie en mai 68
sur le saumon sauvage.
Ça s'intitulait : "Nous sommes tous des saumons!"
Il a insulté le jury. Il leur a dit :
"Vous n'êtes que des huîtres accrochés au rocher
de vos privilèges !
Si vous n'êtes saumon : soyez digne de l'être!"

Il dit toujours : "Lesturgeon sait voir dans le poisson plat
le saumon qui sommeille".

Je vais vous introduire.

Regardez-le bien dans les yeux. »

Lesturgeon : « Et alors ?

—Je suis un saumon.
— Saumon d'élevage ?
— Non saumon sauvage.
— SAUMON SAUVAGE !
SAUMON SAUVAGE !!
SAUMON... »

Il dit toujours les choses trois fois.
Une première fois par surprise. Une deuxième fois
parce qu'il est surpris d'avoir été surpris,
alors il le redit pour être sûr que c'est lui qui l'a dit.
Une troisième fois comme s'il faisait une communication
à l'Académie de médecine.

Alors ça donne :

« Saumon d'élevage ?
— Non, saumon sauvage.
— Saumon sauvage !! Saumon sauvage !!! Saumon sauvage !!!! »

«J'ai devant moi, mes chers confrères,
un salmonidus non domesticus sur le retour.

Ils remontent ! ils remontent !
Tout le monde voudrait être saumon.
Moi-même, Lesturgeon... »

Là, j'ai senti qu'il souffrait. Il se dédoublait.
Il ne s'occupait plus de moi. Comme si je n'existais pas.
C'est curieux, vous savez ! Surtout de la part
d'un psychiatre.

Il a dit : « Quoi Lesturgeon, Lesturgeon !
Toujours passeur. Jamais voyageur ?
Toujours sur la barque. Jamais sur la berge ?
Toujours Lesturgeon. Jamais saumon, saumon, saumon.
Jamais Saumon. Ouououh !... »

C'est alors que Pierrot, Internet, Dulcinée, Soufi-Soufi
et Simone-la-saumone sont entrés.

Il a dit:
« En principe je ne prends pas de groupe,
mais vous êtes des saumons !... »
On a vu qu'il connaissait notre cas. Il a dit:
« Vous êtes des saumons sauvages,
donc vous êtes de l'Allier. »
On a dit: « Saumon de l'Allier, saumon altier ».
Mais ça ne l'a pas fait rire.
« Vous êtes orphelins. Vous êtes vierges. »
On a tous dit oui.
Il a dit:
« Vous aussi Soufi-Soufi.
— oui.

— Pour le saumon et la saumone sauvage: l'amour
est au bout du voyage, bout du voyage, bout du voyage.
Vous allez devenir rose et vert, comme l'acteur qui
entre en scène pour l'amour, la mort, et les autres choses.
Vous n'avez pas une petite destinée, vous avez un destin.

Ma clientèle ! Ce n'est que sexe, sexe ,sexe...
(il l'a dit trois fois-trois fois, ça faisait neuf fois !)...
sexe, sexe, sexe à la petite semaine !
N'importe où, n'importe comment.
Ils font ça derrière les rochers, dans la vase,
dans le flux et dans le reflux !
Les huîtres font ça à vau l'eau, les phoques font ça
entre eux, les manchots font ça comme des phoques,
les pingouins font ça debout, les anguilles font ça en vrille,
les poissons plats font ça en carpette, les homards font ça
à reculons... »

En même temps qu'il avait fait ses études de médecine,
il avait suivi des cours de comédie à l'École Dullin.
Il avait appris Musset : « "Le monde, dit Lesturgeon,
n'est qu'un égoût sans fond où les phoques les plus
informes rampent et se tordent sur des montagnes
de fange.
Mais il y a au monde, mes chers petits saumons,
une chose sainte et sublime. C'est l'union de deux
de ces êtres si imparfaits, si affreux".

Au bout du long, du grand, du terrible voyage vous direz :
"J'ai aimé : c'est moi qui ai vécu.
J'ai aimé : c'est moi qui ai vécu.
J'ai aimé : c'est moi qui ai vécu, et non pas un être
factice, né de mon orgueil et de mon ennui". »

Et il a ajouté :
« Je serai votre poisson pilote, poisson pilote, poisson pilote.
Vous me devez chacun 300 francs, 300 francs, 300 francs ».
Ça faisait 900, ça faisait beaucoup !

On plonge dans le grand courant, dans le grand
torrent, dans le flot, dans le flux de la vie,
dans les hydrocarbures, les boues toxiques, la pollution...

Grâce à Lesturgeon on sort du bouchon vaseux de Nantes.
On se retrouve ; on remonte : Saumur. Amboise.
Blois. Beaugency...

Quand on était perdu, Lesturgeon faisait : « Ououououh... »
Et nous on répondait : « Ououououh... »

Vous savez pourquoi ?

Il faisait Ouhouhouhouh parce qu'il avait soigné
une baleine, une baleine chanteuse, une diva.
"La Callas des Abysses". Après un énorme chagrin d'amour,
elle avait fait de l'anorexie. Elle avait fondu.
Elle était devenue comme une anguille. Le professeur
l'avait remise à flot par thalassothérapie avec des sons
sous l'eau.
Elle, elle avait été guérie, mais lui, il avait gardé le son.
Ououououh...

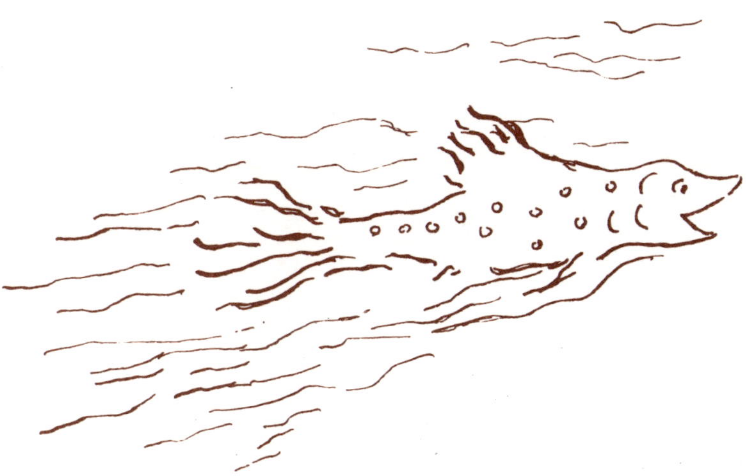

Beaugency. Meung-sur-Loire. Orléans.
Le bec d'Allier.
Et c'est là : au Bec d'Allier qu'on s'est perdu.
On tournait en rond. On ne retrouvait plus nos odeurs.
Quand un saumon ne retrouve plus ses odeurs, il est perdu.
C'est pour ça qu'on est à contre-courant, nous les saumons !
Même Lesturgeon ne pouvait pas nous aider.

Et là il y a eu un événement.

Qu'est-ce que c'est qu'un événement ?

Un événement, c'est quand le quotidien rencontre le destin. C'est quand notre petit quotidien rencontre notre destin...
On marche, on marche, on marche.
Toujours sur le même trottoir. Toujours pareil. Et puis un jour, on ne sait pas pourquoi, par hasard, on traverse.

On rencontre un ami, une amie de longue date qu'on avait perdu de vue.
« Où tu étais ? Tu étais là ?
— J'étais sur le trottoir d'en face.
— On te cherche. On pense à toi. On lance un truc. C'est pile pour toi. Une agence de voyage ! C'est pour toi !
— Ah oui ! »

C'est le destin.

Et qu'est-ce qu'un événement quand on est un saumon ?
C'est quand une molécule d'enfance rejoint
un saumon perdu. Une molécule d'eau...

Qui vient du ciel, de la source du fleuve, de l'Allier.
En passant à la hauteur de Naussac, elle prend l'odeur
des feuilles du saule-pleureur qui tapissait, qui tapisse
toujours la frayère, le nid, le berceau de Simone-la-
saumone, comme un message dans une bouteille à la mer,
elle prend le chemin des alevins.

Alors que les saumons tournent en rond : « On est perdu —
Non ne vas pas par là, j'y suis allé — On tourne en rond —
Regarde Dulcinée, elle est là, allongée. »

La goutte d'eau part. Elle descend :
Naussac, Pouthès-Monistrol, Vieille Brioude, Brioude,
Vichy, Moulin, Le Bec d'Allier... SIMONE !

SIMONE :
« Je tressaille ! Il se passe quelque chose d'extraordinaire
en moi. Je suis comme un vase qui s'emplit d'un parfum
précieux à la manière de l'amour. Je sens l'odeur des
feuilles de mon saule pleureur... »
PIERROT. — Je ne sens rien. Ils ont du fermer la guinguette.
Et toi Soufi-Soufi ?
SOUFI-SOUFI. — Quand on a perdu ses odeurs d'enfance,
on a perdu les parfums. Il faut suivre les odeurs des autres.
PIERROT. — Et toi, Internet ?
INTERNET. — Je surfe sur le réseau migrateur. Je pianote.
Mais je n'ai pas les odeurs.
SIMONE. — C'est par là.

Lesturgeon a dit : « Suivez Simone ! Suivez Simone !!! »

Le bec d'Allier. Moulins. Le pont de moulins.

LE PONT BARRAGE DE VICHY.
Je ne sais pas si vous avez déjà fait le pont barrage de Vichy ?
En tant que saumon, c'est terrible ! C'est un barrage double.
Evidemment Pierrot et Soufi-Soufi ont voulu le passer :
« C'est au bond qu'on voit le saumon.
— Ne faites pas ça. C'est la mort, a dit Lesturgeon.
Il y a des échelles à saumon. C'est à gauche. »
C'est vrai elles sont à gauche.

Je ne sais pas si vous avez déjà fait une échelle à saumon ? Vous avez déjà fait un slalom ? Une échelle à saumon, c'est un slalom, mais à l'envers. Il faut être très intelligent pour remonter une échelle à saumon. S'il n'y a pas assez d'eau on ne passe pas. S'il y en a trop, on ne passe pas non plus.

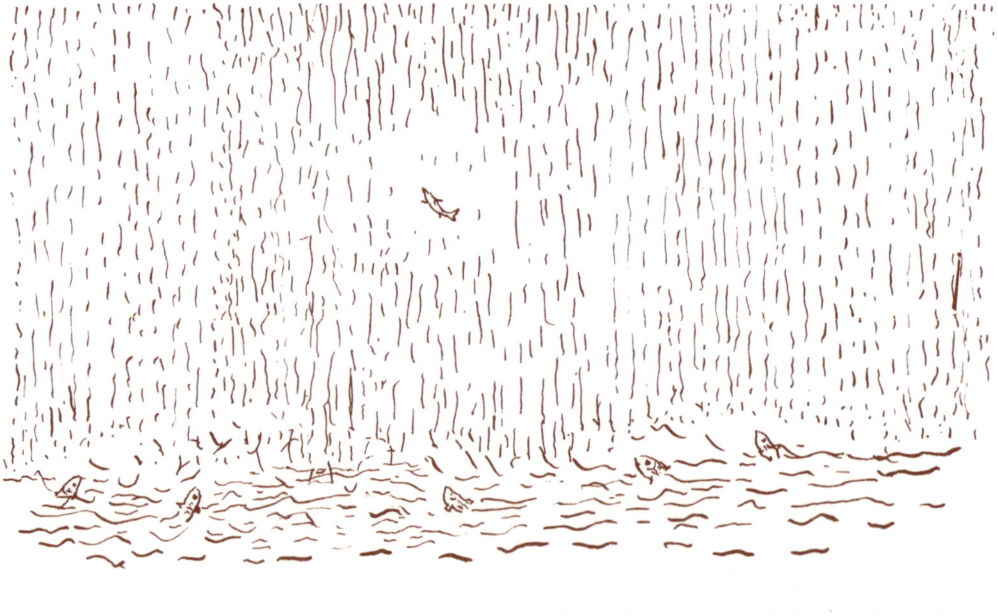

Qui dit échelle à saumon, dit ?
Espèce au long bec.
Qui dit espèce au long bec, dit ?
Espèce protégée.
Qui dit espèce au long bec protégée, dit ?
Saumon menacé.

Justement, il y avait un héron avec sa patte de secours en faction au pied de l'échelle à saumon ! Lesturgeon a dit : « Restez derrière moi. Je vais l'attirer par un de ces stratagèmes dont nous avons le secret, nous, les psychiatres ichtyologues : je vais agiter ma caudale hors de l'eau, ça va l'attirer. Quand il s'approchera : vous filerez ! »

Ça pourrait être une fable.
Une fable de la Fontaine : "Le héron et Lesturgeon".

Un héron au long bec, emmanché d'un long cou
Une patte dedans, une patte dessous,
Par ordre supérieur était en sentinelle
Au barrage de VICHY, à deux pas des échelles
Que les hommes ont dressées pour permettre aux saumons
Possédés par l'amour d'escalader par bonds.

Soudain, il aperçoit dans les eaux embrumées
Une forme vivante et non identifiée,
Sorte d'algue parlante, de ver transposé
Doué de mouvements étranges et séducteurs
Comme l'est dans "Don Juan" la main du commandeur.

C'était, de Lesturgeon, vous l'avez deviné,
La queue tout simplement qui dans l'eau s'agitait !

Le héron, long du bec, mais court de la pensée
Croit y voir un signe à lui seul adressé
Un choix délibéré, une sorte d'appel
Adressé par les dieux à l'humble sentinelle...

Répondant à l'appel comme un humble croyant
Notre sot volatile déploie son pied dormant
Abandonne son poste, accourt vers la lumière
Tel un catéchumène au trône de Saint-Pierre.

Nos saumons en profitent, filent jusqu'aux barreaux
Lesturgeon à son tour disparait dans les flots.

Notre piteux héros se retrouve bec dans l'eau
Abandonné des dieux, des poissons, des oiseaux !

Ô vous, humbles mortels
Que la vie a placé tout en bas de l'échelle
Ne vous laissez pas prendre aux discours d'en haut
Aux promesses des grands, aux vastes idéaux.
A la place, où le sort, où le destin vous mit
Becquetez, loin des honneurs et savourez la vie !

Pendant ce temps-là on continue, on continue...
Le seuil des Madeleines, le barrage de pont du Château,
le seuil de Vic-le-Comte.
Quand on a trouvé la passe, on frotte le rocher
pour que les autres sentent la voie.
Le barrage de Vézezoux. Le barrage de la Bajasse...
Enfin, entre Brioude et Vieille-Brioude on trouve une basse.
On fait la pause.

(C'est le siège que j'avais dans Dom Juan ;
Il est instable. Comme le rôle.)

« La personne dont je te parle
est une jeune fiancée, la plus agréable du monde... »
Dulcinée devenait un peu rose et verte.
Soufi-Soufi regardait Dulcinée...
Pierrot regardait Soufi-Soufi.
« J'en fus frappé au cœur.
Et mon amour commença par la jalousie. »

Et c'est là qu'il y a eu des silences entre nous.
C'est comme un événement, mais c'est le contraire d'un événement.
Un événement ça arrive. Un silence entre nous ça vient.
On est là, au petit déjeuner, comme d'habitude;
on se dit: « Mais autrefois, on se parlait à ce moment-là ? »
On ne se dit plus rien: ça nous angoisse.
Ce sont les silences entre nous.
Alors on essaie de parler pour faire comme autrefois,
mais les silences entre nous sont plus forts que nous.

À la fin, Pierrot a dit à Soufi-Soufi :
« Soufi-Soufi, je vais te poser une devinette: qui est-ce qui pense à toi ? Qui pense à toi depuis longtemps ? Qui pense à toi à chaque tournant ? Qui pense à toi la nuit, le jour ? Été hiver ? Dur comme fer ? Qui pense à toi avec son cœur ? »

Je suis intervenu et j'ai dit:
« On sait tous qui pense à nous, qui pense à nous depuis longtemps, qui pense à nous à chaque tournant, qui pense à nous la nuit, le jour, été, hiver, dur comme fer, qui pense à nous avec son cœur:

c'est le pêcheur ! »

Et là, Lesturgeon nous a fait une petite bouffée délirante.
Il s'est pris pour Virgile. Le Virgile de Dante, dans l'Enfer,
de la Divine Comédie.

Il a trouvé un bateau plat, avec une perche.
Il nous a mis dedans.

Remarquez ça c'était pas mal, parce que depuis le temps
qu'on faisait marcher les nageoires, ça nous reposait
un peu.

Et il s'est mis à déclamer en italien,
dans les gorges de l'Allier

« Considerate la vostra semense. »

Et nous dans la barque on faisait les chœurs.
Toujours passeur,
jamais voyageur.

« Fati non foste per viver come bruti. »

Toujours sur la barque,
jamais sur la berge.

« Ma per seguir virtute e cognoscenza. »

Toujours Saumon Saumon-Saumon,
Jamais Lesturgeon
Ouhouhou...

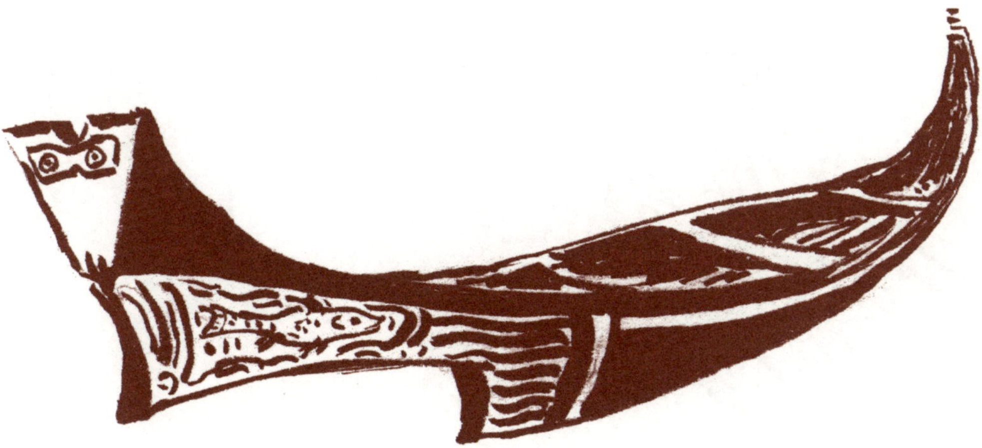

C'est là qu'il y a eu le pêcheur.
Il a vu passer la barque avec les six saumons, Lesturgeon devant avec la perche et qui poussait le cri de la baleine.

Le Pêcheur n'était pas seulement pêcheur,
il était aussi chasseur.
Il a pris son fusil. Il a tiré.

Lesturgeon a secoué les plombs.

La barque est passée.

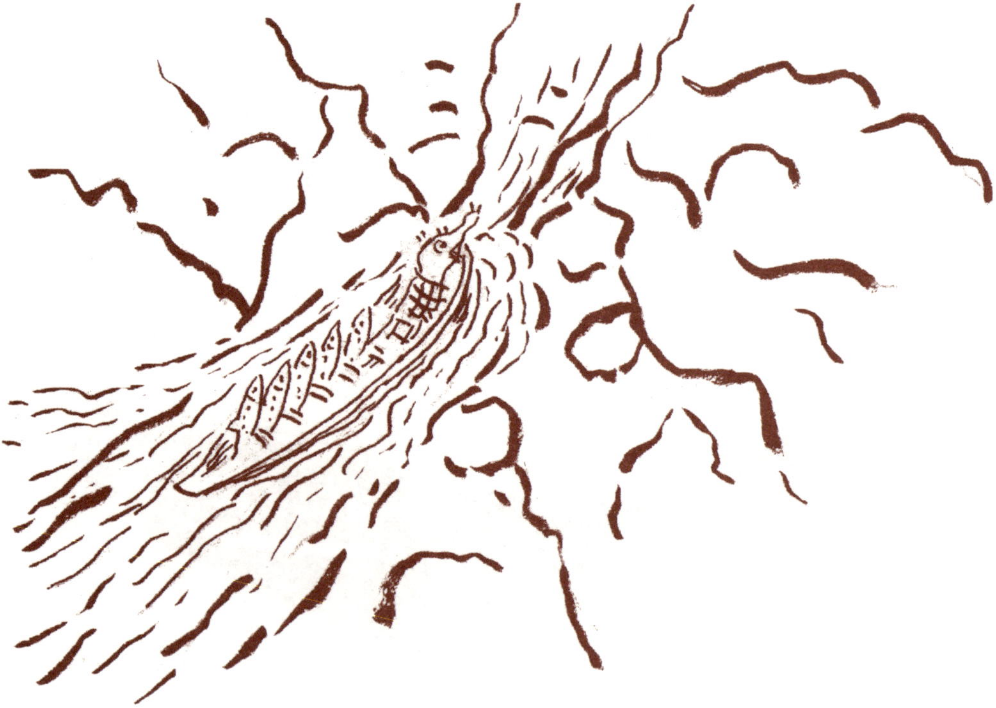

Est venu un garde-pêche
qui était aussi garde-chasse.

Il a dit au pêcheur :
« Vous tirez sur quoi, là ?
— J'ai vu six saumons qui viennent de passer en bateau.
— Six saumons en bateau ?
— Oui. Avec un esturgeon devant. Avec une perche.
— Un esturgeon avec une perche ?
— Oui. Et qui poussait le cri de la baleine.
— Vous avez vu six saumons, avec un esturgeon devant,
avec une perche et qui poussait le cri de la baleine ?
— Oui. »
On a emmené le pêcheur à Sainte-Anne.
Il devenait méchant.
Il criait : « Je veux un avocat ! Je veux un avocat !
J'ai vu passer six saumons avec un esturgeon et une perche
qui poussait le cri de la baleine. »

Ils l'ont mis sur un lit avec des sangles.
Sa canne à pêche d'un côté.
Son fusil de l'autre.
Et au pied de son lit,
ils ont mis une petite pancarte
où il était marqué : « FOU (Allier) ».

On arrive devant Pouthès-Monistrol, le dernier barrage avant les frayères.
L'Innommable.
C'est un barrage qui ne sert plus à rien.
L'EDF construit, mais ne détruit jamais.
Quoi que...

Heureusement, il y a un ascenseur à saumon.

Lesturgeon nous dit : « Adieu. Je vous laisse. Je n'ai pas vocation à la métamorphose.

Vous seuls pousserez la porte de votre enfance !
Vous seuls en avez la clé.
Vous seuls en savez la formule.
Vous seuls ferez vos propres gestes de l'amour ! »

Dans l'ascenseur, on est comme avant d'entrer en scène, on a peur. On sait qu'on ne reviendra pas en arrière mais on ne sait pas ce qui nous attend.

Soufi-Soufi devient or et ambre à la manière des grands saumons pakistanais.
Dulcinée prend la couleur argent, rose et verte des métis du Haut-Allier.
Simone répète ses gestes de la danse nuptiale.
Moi je suis dans l'angoisse. Je ne me sens ni chair ni poisson.
Alors Pierrot a dit :
« Je ne me pose pas la question de comment je vais le faire, mais avec qui ! Je vois bien que Dulcinée est sensible au charme oriental asiatique et pakistanais de Soufi-Soufi ; entre Simone-la-Saumone et Saumon-Saumon, il y a anguille sous roche, et Internet, c'est pas mon type. Alors…

On sort de l'ascenseur.

On arrive devant les frayères.
UN MONDE ! Un monde !
Une rumeur : « LES VOILÀ !... les voilà !... »
Des enfants : « Les voilà ! Les voilà ! »
Des jeunes, des vieux.
Les estrades, les gradins, les passerelles au-dessus des frayères : noirs de monde !

Pas seulement des gens de Naussac, des gens de l'Aubrac, des Cévennes, de l'Ardèche, mais aussi des Belges...
« Viens voir, mon fieu ! Viens voir les saumons qui remontent... Regarde : Pierrot-Pierrot, on dirait le ketch de Bruxelles. »

Le voyage avait été transmis par satellite
suivi comme le Vendée-Globe-Challenge.
Ils avaient tout suivi.

Il y avait aussi des cars de Japonais, de Hollandais, tous ceux qui ont des rivière et qui espèrent... un jour voir...

Il y avait aussi des Anglais, des Américains...
« Oh ! Salmon-Salmon, Mary, John... Come on... »
« Salmons are coming back for love ! »
« Look at Internet ! Oh Salmon, Salmon ! »

C'était fou !

« Oh là là, déjà que je ne sais pas avec qui je vais le faire, ni comment je vais le faire, mais en plus, s'il faut le faire devant tout le monde ! s'exclame Pierrot. »

Mais qui je vois ?

MON PROF DE PHILO !...

Vous le connaissez ! Il est dans tous mes spectacles ! C'était un saumon, j'aurais dû m'en douter !

Quand il marchait comme ça, en classe et même dans la rue qui mène au lycée, dans la Rue des Martyrs, quand il marchait comme ça, c'était parce qu'il était kantien et c'est Kant qui dit "Que la frontière entre l'entendement et la folie est tellement mince que quand on fait un grand raisonnement, un raisonnement de haute volée, on marche toujours entre l'entendement et la folie". En fait il nageait entre deux eaux. C'était un saumon !

Et quand il nous a fait le dernier cours... juste avant de passer l'Bac, il l'avait appelé : la Philosophie du Grand Bond ! Le Grand Bond : c'est Saumon, ça !
Il avait dit : « Vous êtes Nietzschéen, Junguien, Proustien, Freudien. »

Il nage vers nous. Il nage très bien sur le dos.

« Qui c'est ? demande Simone.
— C'est mon prof de philo.
— Tu es allé jusqu'à la terminale ?
— Je crois bien que j'y suis toujours.

— Le temps est venu où chacun aura son heure de gloire, dit mon professeur. C'est votre tour aujourd'hui.
— Ah ?
— Oui, car vous êtes Junguien, Nietzschéen, Proustien, Freudien.
— Nous ?

— Nietzschéen, vous l'êtes. L'Eternel retour c'est vous. L'éternel retour du même.
— Nous, Nietzschéens ? On a fait que faire le voyage comme les autres, on s'en est tiré, c'est tout.

— Vous êtes aussi Junguiens. La Grande Alliance avec le Cosmos. Les mythes, c'est vous.
Proustiens. Le temps perdu et le temps retrouvé.
— Et Freudiens... »

Et c'est alors qu'on a entendu :
« Toujours passeur
Jamais voyageur
Toujours sur la barque
Jamais sur la berge
Toujours Lesturgeon
Jamais saumon Saumon-Saumon
Jamais saumon
Ouhouhou... »

C'était Lesturgeon qui était venu à nous par des chemins muletiers !

« Oui. Vous êtes Freudiens, mes enfants.
Vos parents, en mourant,
ont nourri le plancton
qui t'a nourri toi-même
en te faisant Saumon.
À cause de toi, enfant,
le Père saumon mourut.
Et c'est en le mangeant
que saumon tu vécus !!! »

Et Lesturgeon ajouta « Si on n'appelle pas ça l'Œdipe, je ne m'appelle plus Lesturgeon. »

Alors le professeur dit : « Qui dit naissance dit connaissance, regardez ! Regardez là-bas ! »

LE COLLÈGE DE FRANCE.

Vous connaissez le Collège de France ?
C'est merveilleux le Collège de France !
Ça a été fondé par François Ier.
C'est à côté de la Sorbonne.
Vous poussez une porte, y'a un grand esprit qui vous parle.
C'est gratuit.
J'y ai entendu Michel Foucauld, Jacob, Duby.

Ils ne donnent que 2 ou 3 cours par an. Et quelquefois, quand on arrive, sur la porte il y a un petit billet : « Monsieur Untel ne donnera pas ses cours en novembre comme prévu, mais en janvier sauf imprévu. »

Le Collège de France !
Les grands saumons de la Pensée !
Ceux qui sont remontés à nos propres origines.

Oh, là-bas !

Levi-Strauss ! Levi-Strauss Saumon !
Le grand Levi-Strauss ! Il est grand initié de la tribu
des Salmonidés manoutoba de la côte-Ouest du Pacifique.

Hubert Reeves, le saumon des étoiles !...

Yves Coppens, le saumon des profondeurs !...

Vous êtes au courant pour le grand Lévi-Strauss ?
Le grand ethnologue ?

Le grand spécialiste de la Pensée primitive et sauvage,
qui est né à son œuvre, c'est-à-dire à lui-même, là-haut,
à la source du grand fleuve, chez les salmonidés
manoutoba de la côte ouest du Pacifique.
Vous êtes au courant ?

Vous savez qu'il est Manoutoba ?
Ce qui veut dire « celui qui voit les choses qui sont derrière
les choses » et il est même Grand Manoutoba ce qui veut
dire « celui qui est seul à voir ce qu'il voit ».

Eh bien...
Dès qu'il a su que les six saumons de l'Allier remontaient pour la danse nuptiale, la parade amoureuse, le grand rituel, il a senti, avec son grand nez structuraliste,
les effluves de ces pays lointains où il était né à lui-même,
de ces pays où le saumon parle à l'eau, où l'eau parle
à la feuille, où la feuille parle à l'arbre, où l'arbre parle
à l'enfant, où l'enfant parle à l'homme, où l'homme parle au saumon.
Il a senti les effluves de ces pays-là !...

Il s'était un peu embourbé dans les ors et les pourpres de l'Académie Française. Quand je dis les pourpres,
je devrais dire le vert parce qu'ils sont tous verts, là-bas.
Ils sortent de chez eux verts le matin et ils rentrent chez eux verts le soir .

Il s'est levé en plein amphithéâtre alors que les trente-neufs travaillaient sur le dictionnaire sans lequel nous n'aurions rien à nous dire... Ils étaient penchés sur le mot certitude : "conviction qu'une chose ne fait pas de doute".
Mais ils n'en étaient pas sûrs. Ils avaient des doutes.
Certains en étaient sûrs, d'autres n'en étaient pas certains. Bref, ça bouillonnait dans l'hémicycle.

Il s'est levé. Il a jeté le bicorne et a dit :

« JE ME CASSE ! »

Les trente-neuf se sont redressés.

« Je me taille !
Je mets les bouts !
Je remonte comme le saumon à la source de mon enfance.
Je vais présider la cérémonie de la danse nuptiale,
de la parade amoureuse, du grand rituel des saumons
du Haut-Allier.
I GET AWAY ! »

« I get away ! I get away ! »
Poirot-Delpech, d'Ormesson – les enfants terribles –
ont dit :
« Mais enfin ! Claude ! Qu'est-ce-qui vous prend ?
Mais comment allez-vous remonter à la source de l'Allier ?
et là-bàs chez les Manoutobas de la Côte Ouest, comment
allez-vous retrouver votre chemin, sans votre dictionnaire ? »

Alors il a dit :
« Comme chez tous les saumons sauvages,
le grand voyage est gravé là !
Je l'ai dans la peau. J'ai été tatoué.

— Qu'est-ce qu'il dit ?
— Tatoué !
— Qui ? Moué ?
— Non. Lui. »

Les académiciens plongent dans le dictionnaire.
"Tatoué" : voir "tatouage".
"Tatouage : expression d'une certitude" – mais certitude,
ils n'en étaient pas sûrs.

Alors le Grand Lévi-Strauss se met nu pour montrer ses tatouages, et dit:

« Voilà le travail ! »

Les 39 se mettent nus pour faire comme lui.
Certains confondent les anguilles et les saumons,
ils crient: « Tous aux Sargasses, tous aux Sargasses ! »
Le Duc de Clermont-Tonnerre qui voudrait bien être un poisson mais qui voudrait aussi la place de secrétaire perpétuel: « Je suis une écrevisse, j'avance et je recule. »

Comme ce ne sont pas des saumons, ils attrapent froid.
On appelle le SAMU. Le SAMU arrive avec TF1.
D'Ormesson se précipite. Pas vers le SAMU, mais vers TF1.

« Et vous, d'Ormesson, vous partez aussi ?
— Non. Moi je reste.
"Je serai le ténébreux, le veuf, l'inconsolable, le prince d'Aquitaine à la Tour Abolie". »

Poirot-Delpech pense déjà à son article dans le Monde du lendemain.
"On a vu souvent
rejaillir le feu
de l'ancien volcan
qu'on croyait trop vieux"...

Alors, le grand Lévi-Strauss
est monté sur le fauteuil.
LE FAUTEUIL !
Le fauteuil d'académie !
où tant de fondements immortels
se sont posés !

Ils ont crié :
« Aposthasie !
Blasphème !
Iconoclaste ! »
Des mots qu'ils avaient eux-même définis !
Alors Lévi-Strauss a eu ce mot :
« Je ne veux pas mourir immortel ! »

Et il a ajouté :

« En tant que grand Manoutoba des Salmonidés de la Côte Ouest, je vais présider à la danse nuptiale, la parade amoureuse, le grand rituel des Saumons de l'Allier.

JE METS LE MASQUE.

Il y a des lunes et des lunes,
la mère de famille mit le saumon dans la glace
pour prévenir des famines de l'hiver.
Le fils mangea le saumon
La mère répudia le fils, qui s'en fût, désespéré sur la grève.
Il vit venir à lui le peuple des saumons qui lui dit:
"Tu as mangé notre roi qui était mort.
En le mangeant, tu lui as redonné vie.
Tu es maintenant prince des saumons."
Ainsi commence la grande Alliance
des hommes et des saumons.

Depuis, les hommes et les saumons vivent en harmonie et en intelligence.
Le grand voyage des saumons nourrit les rêves des hommes.
Les mêmes étoiles leur parlent et les enfants espèrent.
Et lorsque remontent les grands saumons sauvages, comme aujourd'hui, de Pouthès-Monistral à Naussac, ils remontent avec eux en criant : "Manoutoba ! Manoutoba !"

Et Avant que le saumon et la saumone
Fassent la danse nuptiale, la parade amoureuse,
le Grand Rituel,
les hommes recommencent l'histoire
sans cesse à recommencer
de leur présence à l'univers.

Tu es prêt, Hubert ?
— Je suis dans le bouillon primitif, la soupe cosmique, le potage à Hubert.
— Vas-y, Hubert. »

Hubert Reeves s'élance.
Il nage très bien.
Avec ses cheveux blancs, sa barbe blanche, on croirait un nénuphar des neiges...
« Oh ! On dirait l'Bon Dieu !
— C'est un peu ça.
Au commencement, mes petits-enfants, a dit Hubert Reeves, on était dans la purée...

— Nous aussi ?
— Les hommes. Les saumons. Tout le monde.
La grande purée, avec les grumeaux. On y était depuis la nuit des temps. Et j'y me d'mande si on n'y est pas resté !

— On était des petites particules de rien du tout : les QUARKS.
— Les quoi ?
— Les Quarks : CHARM comme toi, Dulcinée ; TRUTH comme toi, Saumon-Saumon ; and BEAUTY comme toi, Simone-la-Saumone.

Alors il y a eu comme un coup de froid,
un refroidissement de l'Univers.
Et ç'a été le début du commencement de la fin.
Les 4 grandes forces démoniaques sont entrées en jeu :
la force faible qui est très forte,
la force forte qui est un peu plus forte que la force faible, mais pas beaucoup, la force électromagnétique comme son nom l'indique et la force gravitationnelle qui a fait tourner la purée. Les grumeaux se sont agglomérés donnant naissance aux super-amas de galaxie, aux amas de galaxies, aux galaxies, aux étoiles et c'est dans le berceau, dans la frayère des étoiles que les hommes et les saumons sont nés !

La Super Nova en explosant, a ensemencé la terre,
comme la laitance va ensemencer les ovules...

Tu es prêt Yves ? »

Yves Coppens, le grand paléontologue. L'inventeur de Lucy a dit : "Le cœlacanthe est au saumon ce que ma Lucy est à l'homme".
Ils avaient mis un cœlacanthe au fond de l'eau pour que les saumons puissent voir leur ancêtre.

Et là, il y a eu un miracle, un miracle !
Le Commandant Cousteau.

Il était là, il est toujours là, il ne nous a pas quittés, il était en combinaison de plongée avec les palmes académiques aux pieds. Il a plongé et il a guidé Yves Coppens et les petits saumons autour du cœlacanthe.

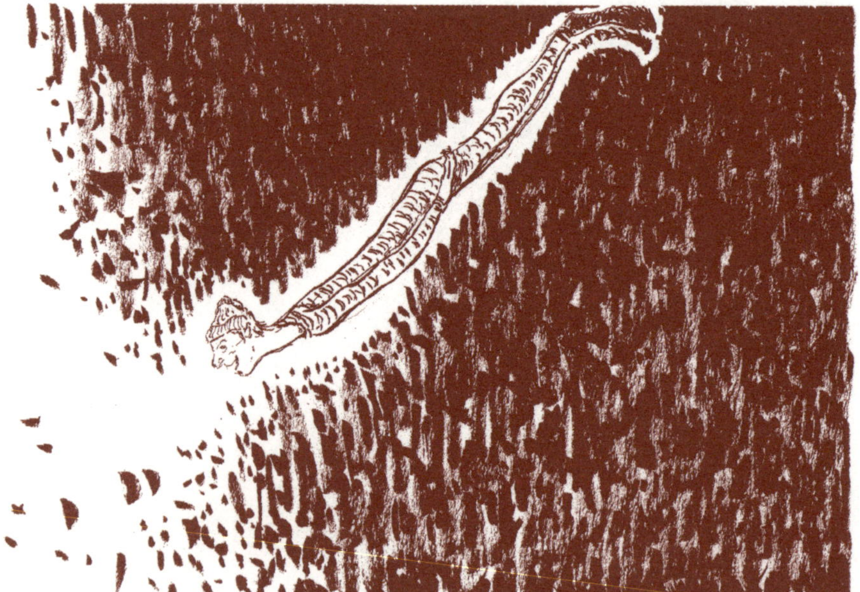

Les saumons n'ont pas trouvé
le cœlacante terrible. Un peu trop marqué,
comme ancêtre !... Il faut dire que nous,
quand on voit Lucy, c'est pas terrible,
non plus...
Et puis, tout le monde est remonté.

Alors, le Grand Lévy-Strauss a dit :
« Maintenant, nous allons procéder à la danse nuptiale, la parade amoureuse, le grand rituel des saumons du Haut-Allier. »

En tant que Saumon-Saumon, je me suis dit que c'était à moi de commencer.
J'espérais que Simone-la-Saumone veuille bien faire la danse nuptiale, la parade amoureuse, le grand rituel avec moi.
Alors, elle a dit : « Depuis que je suis dans ma frayère, j'ai toujours désiré faire la danse nuptiale avec Saumon-Saumon. »
J'étais content.
Il faut dire qu'on avait répété au Groenland mais c'était le style Duchesnay : fraternel, contestataire, asexué !

Et puis après dans la Loire,
on avait pris le style Sophie Moniotte et Pascal Lavanchy, plus sensuel, plus corps-à-corps.
Ils le font si bien sur la glace et avec les patins qu'on se demande s'ils le font aussi bien quand il ne sont pas sur la glace et qu'ils n'ont pas les patins.

Simone-la-Saumone a fait une danse très Proustienne, et moi, très Dom Quichotesque.

« Je tressaille, a dit Simone. Il se passe quelque chose d'extraordinaire en moi. Je suis comme un vase qui s'emplit d'un parfum précieux à la manière de l'amour.
— Samouraï des mers. Dom Juan des frayères, ai-je dit.
— Je vois la frayère de Saumon-Saumon, a dit Simone.
— C'est au bond qu'on voit le saumon, ai-je dit.
— Je sens l'odeur des feuilles de mon saule-pleureur, a dit Simone.
— Saumon de l'Allier, Saumon guerrier, ai-je dit. »

On a eu 5,9 ; 5,9 ; 5,9 ; 6 ; 6 ; 6 ; 6. On a eu un 5,4 mais c'était le juge japonais. Il était jaloux.

Internet s'est présenté.

Il a projeté des images virtuelles de saumon et de saumone.
Puis de danse nuptiale, de parade amoureuse, de grand rituel au Japon, au Canada, en Thaïlande...
Tout le monde faisait « Oh ! »
Le rythme s'est accéléré.
Lui-même est entré en transe, comme toujours les mâles au moment du frai. Et alors : son feu d'artifice a jailli !

C'est tombé dans le virtuel !

Les spectateurs ne savaient que penser !

Internet est reparti la queue basse.

Soufi-Soufi et Dulcinée se sont présentés.

Soufi-Soufi a commencé dans le style Pakistanais des Saumons de l'Indus et Dulcinée avec cette extraordinaire grâce de la danse qui est innée chez les truites saumonées de l'Allier, a suivi.

Ils ont eu 6,6 ; 6,6 ; 6,6 ; 6,6 et même 10 !... mais c'était le juge pakistanais

Alors Pierrot, le titi salmonidé, dit :
« Je vais jusqu'à ma guinguette. Qui je vois sortir ?
Qui tu es toi ?
— Je suis Pierrette salmonette.
— D'où tu sors ?
— De la guinguette. Qu'il est bête !
— T'as fait le voyage avec nous ?
— Non, je suis née après terme. Je suis un œuf retardé.
Quand je suis éclose, vous étiez déjà partis.

— *Alors ?*
— *Alors je me suis dit : je ne pars pas toute seule. "Saumon isolé, saumon crevé. Solitaire, ventre à l'air". Je suis allée jusqu'à la guinguette. Ils m'ont mise dans l'aquarium, j'ai joué de l'harmonium, j'ai chanté « Dis quand reviendras-tu ? Dis, au moins le sais-tu ? Je n'ai pas la vertu des femmes de marin ».*
— *Qu'est-ce qu'on fait ?*
— *Quoi, qu'est-ce-qu'on fait ? Mais qu'il est sot ! C'est pas la peine d'avoir voyagé pour être sot comme ça. On danse ! Il paraît que tu es le champion de la brasse chaloupée.*
— *Ben oui !*
— *Moi, je suis la reine du papillon-Saumon, on valse ? »*

Alors, le Grand Lévi-Strauss a dit :
« Chez les salmonidés manoutoba de la Côte Ouest,
les saumons ne naissent pas seuls.
Les masques naissent avec eux.
Lorsque les saumons partent pour le grand voyage,
les masques naissent du silence des eaux. »

Les masques apparaissent et parlent :

« Soleil et lune
Terre et mer

Soyez saumons musiciens,
Saumons danseurs
À la crête des vagues,
Sachez toujours où vous êtes,
Mais pas toujours où vous allez.
Ne tendez pas vers la perfection
Mais vers des formes inconnues.

Être là.
Attendre.
Entendre.
Aimer. »

Tous les saumons ne meurent pas.
Certains survivent. Ils refont le grand voyage.
On les appelle les Balafrés de l'Amour.
Ils redescendent avec les jeunes.

C'est mon cas.

Images...

Photographies de **Martine Franck**